BEI GRIN MACHT SICH IHR WISSEN BEZAHLT

- Wir veröffentlichen Ihre Hausarbeit,
  Bachelor- und Masterarbeit

- Ihr eigenes eBook und Buch -
  weltweit in allen wichtigen Shops

- Verdienen Sie an jedem Verkauf

Jetzt bei www.GRIN.com hochladen
und kostenlos publizieren

Lynn Schmökel

Redeanalyse: Sportpalastrede von Goebbels

GRIN Verlag

Bibliografische Information der Deutschen Nationalbibliothek:

Die Deutsche Bibliothek verzeichnet diese Publikation in der Deutschen National-
bibliografie; detaillierte bibliografische Daten sind im Internet über http://dnb.d-
nb.de/ abrufbar.

Impressum:

Copyright © 2010 GRIN Verlag, Open Publishing GmbH
Druck und Bindung: Books on Demand GmbH, Norderstedt Germany
ISBN: 978-3-640-79649-6

Dieses Buch bei GRIN:

http://www.grin.com/de/e-book/164636/redeanalyse-sportpalastrede-von-goebbels

Lynn Schmökel, 26-03-2010

Redeanalyse: Joseph Goebbels – Sportpalastrede

Am 18. Februar 1943 hielt der Nationalsozialist Joseph Goebbels seine berühmte Rede im Berliner Sportpalast, in der er zum totalen Krieg aufruft.

Zu dieser Zeit war der Zweite Weltkrieg nicht nur bereits im Gang, es war auch schon die Niederlage Deutschlands deutlich erkennbar: Die Alliierten kontrollierten militärisch den Atlantik, die Front in Nordafrika stand durch die Angriffe der Amerikaner kurz vor dem Fall und in Stalingrad hatten bereits 200.000 deutsche Soldaten ihr Leben gelassen, sowie 100.000 weitere kapituliert. Darüber hinaus glaubten die Alliierten, dass das deutsche Volk nicht hinter ihrem Führer Adolf Hitler stehen würde. Wäre der Krieg verloren und die Regierung in Deutschland außer Kraft gesetzt, so wäre Deutschland denazifiziert, behaupteten sie. All dies war Auslöser für den Aufruf zum totalen Krieg durch Joseph Goebbels. Seine Rede hielt er vor ausgewähltem Publikum: treue Anhänger der NSDAP und wichtige Parteifunktionäre und zur Bekräftigung seines Aufrufs hing über seinem Rednerpult ein Banner mit der Aufschrift: „Totaler Krieg – Kürzester Krieg." Sein „rhetorisches Meisterstück der Propaganda" wurde im Radio übertragen, damit nicht nur das deutsche Volk wieder Vertrauen in die Führung durch die Nationalsozialisten fasste, sondern die Alliierten ebenfalls von dem Vertrauen der Deutschen in die Nazis überzeugt wurden. Die Intention des Propagandaministers war es hauptsächlich die Euphorisierung der Gleichgesinnten im Sportpalast als Brücke zum deutschen Volk zu nutzen und sich des Vertrauens des Volkes zu bemächtigen, um es für den totalen Krieg zu mobilisieren. Letzlich geht es darum, die Feinde, die Alliierten, einzuschüchtern und sie zu diskreditieren.

Die Sportpalastrede ist von fast zweistündiger Dauer. Nach rund anderthalb Stunden beginnt der Endteil der Rede, auf den ich hier näher eingehe. Diesen Teil (Z 1 – 11) leitet Goebbels, nach der Begrüßung der deutschen Zuhörer, mit einem kurzen Rückblick auf die Euphorie des 30. Januar 1943 ein. Im ersten Abschnitt des Hauptteils (Z 12 – 25) berichtet er von den heldenhaften deutschen Soldaten von Stalingrad und leitet daraus die Verpflichtung des deutschen Volkes gegenüber diesen Kämpfern ab. Im zweiten Abschnitt (Z 26 – 41) richtet sich Goebbels nun an die gesamte Hörerschaft, die Menschen auch außerhalb des Sportpalastes, verweist auf die ernste Lage Deutschlands und nimmt sie zum Anlass seine

Hörer zum totalen Krieg aufzurufen. Des Weiteren lobpreist er die Stärke des deutschen Volkes. Im dritten Abschnitt (Z 42 – 85) vor dem eigentlichen Kern seiner Rede, den zehn Fragen, stellt er das Frage- Antwort- Prinzip und die als Vertretung des deutschen Volkes anwesenden verschiedenen Volksgruppen, wie z. B. Arbeiter, Kriegsverletzte, etc. vor. Im nun folgenden Teil (Z 86 – 146) stellt Goebbels den Anwesenden zehn auf den Krieg bezogene Fragen, denen allen mit größter Euphorie zugestimmt wird. Im Schlussteil (Z 147 – 181) fasst er den Inhalt der zehn Fragen zu einem Gelöbnis auf den Führer und mit einem Einschwören auf den totalen Krieg zusammen und schließt seine Rede mit der Parole: „Nun Volk steh auf und Sturm brich los!"

Seine ersten fünf Fragen leitet Goebbels mit „Die Engländer behaupten, …" ein und bedient sich damit der Manipulationsmethode des Hörers, indem er den Gegner isoliert. Die Engländer repräsentieren die im Atlantik militärisch dominierende Gewalt, die Alliierten, und sind somit das Symbol des politischen Gegners von Deutschland. Durch die Verwendung des Verbes „behaupten" diskreditiert er die Aussage der Engländer. Goebbels möchte den Feind in die Enge treiben und seine Bedeutung herunterspielen, um potenziellen Sympathisanten im Vorfeld jeden Mut zum Widerstand zu nehmen, aber auch um das deutsche Volk anzutreiben nicht aufzugeben und um sie in ihrem Glauben an sich selbst zu bestärken.

In seiner ersten Frage versucht er die Zuhörer auf seine Seite zu ziehen, indem er ihnen schmeichelt. Durch die Anbindung „mit dem Führer und mit uns" wird eine Vertrauensebene zwischen dem Volk und der Führung Deutschlands geschaffen. Der Zuhörer fühlt sich dazugehörig und wie ein dritter Vertrauter, der mit dem Führer dessen Wünsche und Ziele teilt. Das Verb „glauben" lässt die Frage wie ein Bekenntnis gegenüber dem Deutschen Reich wirken und bringt den Zuhörer in eine unausweichliche Lage. Entweder er bekennt sich zum Deutschen Reich und damit zum Führer oder er wird in die Gruppe der schwächlichen Feinde eingeordnet. Es scheint sogar fast wie eine rhetorische Frage: „Der Führer glaubt daran, tut ihr das auch?". In der Frage wird das Wort „Sieg" angewandt. Durch die Aufzählung der Adjektive „endgültigen, totalen" wird die Qualität des Sieges deutlich und die Vorstellung an einen anderen Ausweg wird verworfen. Das Adjektiv „total" lässt auf einen vollkommenen, auf allen Ebenen kompletten, unvermeidbar eintretenden und unumstößlichen Sieg schließen. Gleichzeitig euphorisiert der Gedanke an einen gemeinsamen Sieg und bestärkt die Hoffnung des deutschen Volkes. Es scheint wie seine Vorbestimmung, dass es nur gewinnen könne. Zugehörig zur ersten Frage stellt Goebbels eine weitere in der er das Volk fragt, ob es zum Kampf entschlossen sei. Durch die bewusste Verwendung des Adjektivs „entschlossen" erscheint die Bejahung der Frage wie ein Entschluss aus freiem Wille und aus eigener Überzeugung. Hitler wird mithilfe von „dem Führer (...) zu folgen" wie der Retter in der Not, derjenige der das Licht in dunklen Zeiten bringt, dargestellt. Der Phraseologismus und die Alliteration „durch dick und dünn" versetzt den Hörer in die Rolle des treuen Freundes bzw. des Kameraden im kämpferischen Sinne. Die Redewendung soll die Verpflichtung, sich niemals im Stich zu lassen, die man einander gegenüber hat, verdeutlichen. Zunächst wird die Freundschaft zwischen dem Führer und dem Volk suggeriert, um anschließend mit der eigentlichen Forderung nach „schwerster persönlicher Belastung" fortzufahren. Es werden alle gesammelten Kräfte gefordert, was durch die Verwendung des Superlativs „schwerster" erkenntlich wird. Diese Forderung jedoch hat den Zweck, dem Führer, dem treuen Freund, zu helfen und erscheint daher wie ein Freundschaftsdienst, dem man Folge zu leisten hat.

Seine zweite Frage führt Goebbels mit der Frage nach Bereitschaft des Volkes ein. Die Präposition „mit dem Führer" begeistert den Zuhörer. Der einfache Mann wird auf dieselbe Ebene wie der Führer gestellt, da sie gemeinsam kämpfen sollen, und gewinnt dadurch ungemein an Bedeutung. Zusammen sollen sie die „Phalanx der Heimat" bilden. „Phalanx" kommt aus dem griechischen, ist die Mehrzahl von Phalangen und bezeichnet eine geschlossene, mehrere Glieder tiefe Schlachtreihe des Fußvolkes der antiken Griechen und ist das Sinnbild eines einmütigen Widerstandes. Die Heimat beschreibt die persönliche Zugehörigkeit zu einem Ort, den es zu beschützen gilt. Mit der Beschreibung „ kämpfende Wehrmacht" wird deutlich, dass der Kampf bereits im Gange ist. Die Wehrmacht wird als Kämpfer des Landes präsentiert und das Volk sollte stolz sein, diese Kämpfer unterstützen zu dürfen. Die Personifikation „wilde Entschlossenheit" lässt das Bild eines leidenschaftlich, mit aller Kraft und bestialisch kämpfenden Volkes entstehen. Mit „unbeirrt durch alle Schicksalsfügungen" kommt die Idee an eine höhere Instanz ins Spiel, da alles vorbestimmt zu sein scheint. „Unsere Hände" lassen auf ein gemeinsames Wirken von Volk und Führung schließen, „wir alle kämpfen zusammen und wir alle siegen zusammen".

Die dritte Frage leitet der Redner mit „seid ihr uns ist das deutsche Volk" ein. Durch diese Differenzierung zwischen der Zuhörerschaft im Sportpalast und der Zuhörerschaft vor den Radios suggeriert er die Kraft und die Größe des deutschen Volkes. Das „deutsche Volk"

stellt eine geschlossene Einheit dar, in der alle gleich sind. „Wenn der Führer es befiehlt"
wird später durch den Zuruf des Auditoriums „Führer befiehl, wir folgen" wieder
aufgegriffen und betont die Unterwürfigkeit des Volkes ihm gegenüber. Hitler scheint wie
der Messias, dessen Gefolgschaft ihm blind ergeben ist. Die Klimax „zehn, zwölf, und wenn
nötig, vierzehn und sechzehn Stunden" bewirkt ein Aufbrodeln der Emotionen der Zuhörer.
Durch die bereits euphorisierte Stimmung im Sportpalast rückt die eigentliche Aussage in
den Hintergrund und die Steigerung der Gefühle gewinnt die Oberhand. Die Aufgabe „das
Letzte herzugeben für den Sieg" demonstriert eine ehrenvolle Handlung, da man sich für den
heiligen Führer opfert. Durch die Verwendung des Superlativs „das Letzte" wird dem Hörer
die Rolle des Märtyrers zugewiesen, dem man noch in Zukunft gedenken wird.

Die vierte Frage, die Frage nach dem totalen Krieg, war die schwerwiegendste Frage der
Sportpalastrede. Unter diesem Begriff versteht man heutzutage das militärische Vorgehen
Deutschlands nach dem Scheitern von Hitlers „Blitzkriegsstrategie". Bereits im Januar 1943
forderte eine alliierte Anti-Hitler-Koalition auf ihrem Treffen in Casablanca die
bedingungslose Kapitulation Deutschlands. Hitler hingegen plante die kurze Zeitspanne, in
der sich die USA vorwiegend auf Japan konzentrieren würden, effektiv zu nutzen, um sich
radikal und total die gefallen Ostgrenzen zurückzuerkämpfen. Die Rücksichtslosigkeit auf
Verluste bei diesem Vorgehen wurde von den Nazis als totaler Krieg bezeichnet. Durch das
Verb „wollen" entsteht eine suggestive Meinungsfreiheit des Volkes. Mit der Zustimmung
des deutschen Volkes zu dieser Frage wurden kurz vor Kriegsende 1945 die Leiden der
Zivilbevölkerung gerechtfertigt: Das Volk hätte sich diese Form des Krieges gewünscht und in
einem solchen Krieg gäbe es keine Zivilbevölkerung. Goebbels manipuliert sein Publikum zu
der Bestätigung der Frage nach dem totalen Krieg, indem er meint, die „die Engländer
behaupten, dass deutsche Volk (…) will nicht den totalen Krieg, sondern die Kapitulation. Im
Kontext steht hierzu, dass das ausgewählte Publikum, bestehend aus Nationalsozialisten,
eine Kapitulation nicht als existierende Möglichkeit ansah: Sie empfanden die Kapitulation
Deutschlands im November 1918 als Demütigung und den mit ihr verbundenen
Friedensvertrag als Schanddiktat. Dieser „Schmach" würden sie sich nicht noch einmal
aussetzen, weswegen sie Goebbels zum totalen Krieg zustimmen mussten. Des Weiteren
scheint hier die von den Nationalsozialisten auf ihre Regierung übertragene Theorie Darwins
durch. Der Stärkere gewinnt und nur wer bis zum bitteren Ende kämpft beweist wahre
Stärke. Die rhetorischen Fragen aus Goebbels Rede sind so polarisiert, dass es entweder nur

ein Ja oder ein Nein als Antwort gibt, wobei das Nein keine Option darstellt, das dies den Emotionen der Publikums widersprechen würde. Es zählt lediglich der Wille der Masse und wer nicht derselben Meinung ist, rutscht automatisch in die Gruppe der Lügner und Feinde. Die Verwendung der Superlative „totaler, radikaler" scheint wie eine Provokation des Volkes, da der Trieb nach Macht und Kampf im Zuhörer geweckt werden soll. Durch „ wie wir ihn uns heute erst vorstellen können" entsteht das Bild eines fortschrittlichen Volkes, das die besten Gewinnmöglichkeiten hat. Die Frage nach dem totalen Krieg steht genau im Zentrum des Fragenteils, da es die wichtigste der zehn Fragen ist. Außerdem ist die Zuhörerschaft bereits in solch einer Hochstimmung und wird von der von Euphorie durchtränkten Stimmung mitgerissen, sodass sie nicht mehr nachdenkt und nur noch der Trieb zählt.

Die fünfte Frage leitet der Redner mit „ist euer Vertrauen zum Führer" ein. Hiermit wird eine intime Verbindung zwischen dem Volk und dem Führer geschaffen, da dieser auf das Vertrauen des Volkes angewiesen ist. Die Superlative „größer, gläubiger, unerschütterlicher" versetzen den Hörer in die Position des bedingungslos und blind Vertrauenden. Des Weiteren wird dem Hörer die Rolle des Anarchotyps, der übermenschlichen Kampfmaschiene und die Rolle des Fanatikers zugewiesen. Während beispielsweise fanatisch heutzutage eher negativ besetzt ist, galt es damals als etwas sehr Erstrebenswertes. Weiterhin erscheint der Wunsch nach dem totalen Krieg durch die „absolute und uneingeschränkte Bereitschaft" wie das erträumte Ziel des Zuhörers. Durch das Abschließen der Frage mit „bis zum siegreichen Ende" gewinnt die Frage sehr an Heiligkeit. Die Aussage hat fast denselben Wortklang wie „bis das der Tod euch scheidet" und suggeriert somit die Vermählung des Volkes mit dem Führer. Ein heiliger Bund, den man nicht brechen darf und in dem man sich auch in schwierigen Zeiten immer zur Seite steht.

In der sechsten Frage appelliert der Redner erneut an die Bereitschaft und Einwilligung des Zuhörers. Er fragt, ob das Volk der Ostfront „Menschen und Waffen zur Verfügung stellt". Mithilfe materialisierter Sprache werden der Mensch und die Waffe gleich gestellt und der Mensch erscheint wie die in der fünften Frage suggerierte übermenschliche Kampfmaschiene. Durch die Frage nach „ganzer Kraft" wird der Hörer in die Rolle des Arbeiters und Produzenten versetzt. Sie wird benötigt, „um dem Bolschewismus den tödlichen Schlag zu versetzen". Durch die Verwendung des Wortes „Bolschewismus" diskreditiert Goebbels den Kommunismus in Russland, aber gleichzeitig auch alle anderen Kommunisten. Die Personifikation „tödlicher Schlag" bedeutet dem Kommunismus den Gar aus zu machen, denn alles was nicht dem nationalsozialistischen Weltbild entsprach (Regierungsform, etc.) galt als falsch und schlecht und sollte demnach vernichtet werden.

In der siebten Frage soll das Volk geloben für den Sieg zu kämpfen. Durch das Verb „geloben" erscheint die Frage wie ein heiliger Eid, der unter keinen Umständen gebrochen werden darf. Die Menschen „der Heimat", das heißt diejenigen, die nicht direkt im Krieg kämpfen, sollen mit „starker Moral" hinter der Front stehen. Dadurch wir dem Volk die Rolle des Motivators beziehungsweise des „Aufmunterungsführer" zugesprochen. Etwas vergleichbar ist das mit dem heutigen Bild der Cheerleader, die die Motivation der Sportmannschaft aufrecht erhalten sollen.

Die achte Frage ist besonders für die Frauen von Bedeutung. Hier wird die Frage nach „ganzer Kraft" aus der Frage sechs wiederholt, jedoch wird hier die Frau direkt angesprochen. Durch die germanische Sprache werden die Frauen spezifiziert, da der Redner sich nur auf die „deutschen Frauen" bezieht. Der Redner schmeichelt ihnen, indem er ihnen wichtige Funktionen beispielsweise als Fabrikarbeiterinnen zuspricht, doch eigentlich ist dies bloß Mittel zum Zweck, da nach „ganzer Kraft" gefragt wird sprich alle arbeitsfähige Deutsche gebraucht werden. Durch die bereits erlittenen hohen Verluste mussten neue Männer an der Front nachrücken und die Frauen, von denen die meisten vorher Hausfrauen waren, die Arbeit der Männer übernehmen.

In der neunten Frage wird das Volk gefragt, ob es die Bestrafung für diejenigen die nicht kämpfen billigt. Durch das Verb „billigen" gewinnt die Meinung des Volkes großes Gewicht und es macht das Volk zum Rechtsprecher über Gut und Böse. Die Bösen sind diejenigen, die die „Not des Volkes zu eigensüchtigen Zwecken ausnutzen". Wieder wird der Feind, der nicht kämpfende, diskreditiert und dem Volk wird die Opferrolle zugewiesen. Dadurch wird die Wut auf die Kriegsverweigerer geschürt und die Zustimmung auf die Frage erlangt. Mit dem Euphemismus „wer sich am Krieg vergeht, den Kopf verliert" wird zwar das Todesurteil über die Feinde ausgesprochen, doch klingt es eher romantisch als grausam. Bei Verliebten spricht man davon, dass sie „den Kopf verlieren", da ihre Wahrnehmung durch die Liebe verklärt ist. Doch hier gewinnt diese Aussage eine Doppelbedeutung, da sie auch an eine mittelalterliche Hinrichtung erinnert, in der der zum Tode Verurteilte in der Öffentlichkeit geköpft wird.

In seiner zehnten und letzten Frage bezieht sich Goebbels auf das über die Feinde gesprochene Todesurteil. Es sollen die „gleichen Rechte und gleichen Pflichten" für alle gelten und daher bei der Bestrafung auch keine Rücksicht auf Alter oder Geschlecht und „hoch oder niedrig" genommen werden. Weiterhin hat die Gleichstellung aller einen großen Nutzen für die Nationalsozialisten, da Leute von höherem Rang sprich mit mehr Rechten und weniger Pflichten nun genau dieselben Rechte und Pflichten wie die Leute von niederen Rängen haben. Die Lasten des Krieges sollen „solidarisch auf alle Schultern" verteilt werde. Etwas „auf die Schulter nehmen" hat hier den praktischen Sinn eine Last zu tragen, das Adjektiv „solidarisch" hingegen weist auf eine großzügige, gutmütige Tat hin, die das Volk für den Führer erfüllen würde. Dem Hörer wird die Rolle des Gesinnungsgenosse beziehungsweise Staatshelfer zugewiesen. Des Weiteren wird er in eine Art Überwacher Rolle gezwängt, was im Einklang mit dem Bespitzelungssystem der Nationalsozialisten steht.

Nach seinen Fragen wendet sich der Propagandaminister indirekt an den zweiten Adressaten seiner Rede, die Alliierten: „Ich habe euch gefragt; ihr habt mir eure Antwort gegeben. Ihr seid ein Stück Volk, durch euren Mund hat sich die Stellungnahme des deutschen Volkes manifestiert. Ihr habt unseren Feinden das zugerufen, was sie wissen müssen, damit sie sich keinen Illusionen und falschen Vorstellungen hingeben." Durch einen Parallelismus eingeleitet, erinnert er die Alliierten belehrend daran, dass das deutsche Volk seiner Regierung in sämtlichen Fragen des Krieges zustimmt. Es handelt sich demzufolge um ein Volk, das voll und ganz hinter seiner Führung steht. Durch die anaphorische Klimax „wir geloben euch, wir geloben der Front, wir geloben dem Führer" betont Goebbels erneut die Notwendigkeit des Krieges, da ein Gelöbnis etwas heiliges, das keinesfalls gebrochen werden darf. Mit „wie wir stolz auf (Hitler) sind, so soll er stolz auf uns sein können" appelliert Goebbels wieder an die Emotionen der Zuhörer: Hitler wäre stolz auf sie, wenn sie seinen Lebenskampf ausführen und, dass Hitler stolz auf sie sei, wäre für sie die oberste Ehre.

Zum Schluss seiner Rede wertet Goebbels die militärische Situation Deutschlands stark auf, indem er suggeriert, der Sieg wäre nicht so ausgeschlossen, wie er tatsächlich war: „Wir sehen ihn greifbar nahe vor uns liegen: wir müssen nur zufassen." Auffallend stark sind die Endworte der Rede: „Nun Volk steh auf, und Sturm brich los." Hierbei handelt es sich um einen Ausspruch von Theodor Körner, einem preußischen Offizier des 19. Jahrhunderts und „Dichter der Befreiungskriege". Der Sturm steht für den Anbruch eines neuen Zeitabschnitts. Zuweilen spricht man auch von der Ruhe vor dem Sturm, welche nun durch den Aufruf zum totalen Krieg beendet wird, da der „Sturm losbricht". Das kampfentschlossene Volk ist nun bereit, denn der Krieg fängt jetzt erst richtig an.

Zusammenfassend kann gesagt werden, dass trotz der Aussichtslosigkeit des Krieges Goebbels dem Zuhörer die Illusion eines Endsieges gibt. Anstatt zu kapitulieren, opferten die Nationalsozialisten weiterhin Millionen von Menschenleben. Seine Rede baut er von vornherein so auf, dass durch sie nach und nach beim Hörer immer mehr Emotionen freigesetzt werden, sodass es für ihn fast schon ein Kinderspiel war, seine zehn Fragen zu stellen und eine Zustimmung zu erhalten. Man könnte Goebbels also nicht nur als brillanten Demagogen, sondern auch als einen Motivationskünstler sondergleichen bezeichnen. Er rechnete mit der Reaktion der Zuhörer und missbrauchte diese zur Verwirklichung seines „totalen Krieges".

Letztendlich ist und bleibt die Rede ein „rhetorisches Meisterstück der Propaganda", welche ihre drei Hauptintentionen, die Euphorisierung und Mobilisierung des deutschen Volkes und diskreditierten des Feindes, erfüllte.